LETTRE

D'UN PROFANE

A MONSIEUR

L'ABBÉ BAUDEAU.

TRÈS-VÉNÉRABLE

DE LA SCIENTIFIQUE, &c.

LETTRE

D'un Profane, à M. l'Abbé BAUDEAU, Très-Vénérable de la scientifique & sublime Loge de la Franche-Économie.

TRÈS-VÉNÉRABLE,

VOTRE zèle pour le bien public, & votre attachement pour les Freres Economistes, me persuadent que vous ne trouverez pas mauvais qu'on vous dénonce un Frere, qui après avoir passé par tous les *degrés* de la franche-Economie, est reconnu par ses Freres & Compagnons pour un Maître & parfait Economiste. Je vais donc entrer avec vous dans quelque détail à son sujet, & sur-tout sur ses talens précoces pour l'Economie, & son goût décidé pour la *propriété* ; car il eſt apparent que ce ſont ces qualités qui vous ont engagé à le recevoir au nombre des initiés dans la ſcience du *Produit net*.

Le Frere de Vaines eſt fils d'un nommé Vaines, lequel a commencé par être Laquais de M. du Vergier, Commis au Tréſor Royal. Ce Laquais avoit une aſſez jolie femme, qui demeuroit dans la même maiſon, ou comme cuiſiniere, ou comme femme de chambre. Elle ne déplut pas au bon homme du Vergier. Bref, elle eut un enfant. Du Vergier, pour raiſon à lui connue, prit ſoin de ſon éducation. Le Laquais Vaines voulut faire l'inſolent, il fut congédié.

Il entra enſuite Laquais chez M. de la Galaiſiere, qui peu après le fit ſon Valet de chambre, puis lui confia la régie des Terres qu'il avoit dans le Perche, & enfin lui procura la recette des Gabelles de Bellefme. Ses profits le mirent à portée de marier fa fille avec un pauvre Gentilhomme, nommé Dupleffis, qui n'ayant que la cape & l'épée ne fut pas difficile fur le choix.

Quand le fils Vaines eut achevé fes études, il fit quelques tours d'efcroquerie. Du Vergier qui craignoit que cela ne brouillât fon protégé avec la Juftice, eut le crédit d'obtenir un ordre du Roi pour le faire mettre à Charenton. Dans ma premiere je pourrai vous indiquer la date de fa détention & celle de fa liberté, le Notaire doit me les donner. Sorti de cette retraite le petit fripon fe fit Comédien & courut les Provinces. Vaines pere, inftruit de l'infame métier qu'exerçoit fon fils, courut du côté où il foupçonnoit qu'il pouvoit être. Il alloit à Marfeille dans le deffein de l'y faire arrêter. Mais en paffant à Lyon, il fut fort furpris de le voir fur les planches de cette ville, faifant le rôle d'Orofmane, dans la Tragédie de Zaïre. Le peu de talens du Comédien & la mifére firent plus d'effet que les avis du pere, pour l'engager à renoncer à cet état. Il eut recours à fes anciennes protections. M. de Chaumont de la Galaifiere, alors Intendant de Limoges, le prit dans fes Bureaux, d'où il le fit paffer à un petit emploi de Contrôle. Le jeune homme qui fentoit que fes talens pourroient être utiles à quelque Publicain, vint à Paris pour les offrir au célébre Poujaud. *Ce grand Extendeur* vit en lui les difpofitions les plus heureufes pour fa partie ; foupleffe, fauffeté, dureté, baffeffe, & par-deffus tout une forte propenfion à *l'extenfion.* Pour mieux s'attacher un fi rare fujet, il lui fit époufer la belle-fille d'un nommé Salverte, Chef de fon Bureau, & lui donna en dot la place de Sous-chef. En 1770 Vaines fut nommé à la Direction des Contrôles de Limoges. Là il crut le moment & le lieu opportuns pour se faire recevoir *Apprentif Economiste*; il demanda *la lumiere* Economique, & *la lumiere* lui fut accordée. A force de patelinage & de courbettes, il s'insinua dans l'esprit de M. Turgot, Intendant de Limoges, dont la droiture ne crut voir dans toutes ces souplesses que les déférences accordées à sa place, & un amour réel du bien public. (*a*)

____

(*a*) On peut s'informer de l'exactitude de tous ces faits dans la famille de M. de la Galaisiere; on en apprendra encore d'autres, tel que celui que nous joignons ici, parce qu'il fait connoître la reconnoissance de ce nouveau Parvenu.

Quand le sieur Vaines fut nommé premier Commis du Trésor Royal, l'Abbé de la Galaisiere lui écrivit

M. l'Abbé Terrai, en 1771, ayant
enlevé à la Province de Bretagne les

---

une petite Lettre pour lui en mar-
quer sa joie & la part qu'il prenoit à sa fortune. Mons. de Vaines
s'est cru trop grand pour répondre
au fils de son bienfaiteur. L'Abbé
de la Galaisiere le plaignit haute-
ment de son ingratitude. Alors Mons.
de Vaines prit le parti d'aller lui en faire
ses excuies. Ce qui a donné lieu à
l'Abbé de la Galaisiere de lui faire
cette leçon:

Mon petit ami, il y a trop de dif-
tance entre vous & moi, pour que
je pu sse me formalifer de votre im-
pertinence; mais je vous conseille,
dans la place que vous occupez, d'ê-
tre exact à répondre aux gens qui
vous écrivent, cela est très-effentiel
pour vous, & sur-tout d'être très honnête vis-à-vis des perfonnes à qui
vous avez à faire. On ne sait pas si
depuis ce tems Mons. de Vaines est
bien exact à répondre; mais il est difficile d'être plus impertinent, & de
prendre plus le ton de Miniftre avec

priviléges des Droits domaniaux , en fit une Régie au profit du Roi. Il demanda à son ami Poujaud (qui a toute la dureté de l'état de son pere,) (*a*) de lui trouver un homme bien âpre pour mettre à la tête de cette Régie. Poujaud n'en trouva pas qui répondît mieux à ses vues que le sieur Vaines, ou plutôt *de* Vaines, car dès ce moment il n'a pas d'autre nom que *Mons. de* Vaines.

---

les gens qui ont affaire à lui. Il n'y a pas de valet de Bourreau plus insolent. Il faut convenir qu'une pareille fortune est bien capable de faire tourner la tête au Fils d'un Laquais, qui, &c. , &c.

(*a*) Poujaud est fils d'un Boucher de la petite ville du Saux en Berry; il n'est pas de Commis aux Fermes qui ne l'appelle le Boucher. Cet homme n'a aucun ami; son unique plaisir est d'aller tous les soirs aux Thuileries, à la brune,..........

Lorſque M. Turgot a été nommé au Contrôle des Finances, Frere *de* Vaines eſt venu renouveller ſon patelinage ; il a ſi bien contrefait l'honnête homme, l'homme intelligent, ſeul capable de connoître le Tréſor Royal (*a*), qu'il a ſurpris la confiance de ce Miniſtre ; & ce qui eſt encore plus ſurprenant, Très-Vénérable, c'eſt qu'il ait trouvé le ſecret de gagner votre eſtime, & que ce renard vous ait attrapé votre confeſſion, celle de Frere Dupont, &c. & même celle de Frere Roubaud, qui ne tarit point en éloges ſur le compte de Frere de Vaines. (*b*)

(*a*) C'eſt ſans doute par infuſion que Frere de Vaines eſt ſi profond dans la ſcience des Finances, puiſqu'il n'a jamais occupé qu'une très-petite Direction dans les Contrôles. Seroit-ce comme fils d'un laquais d'un Commis au Tréſor Royal.

(*b*) On dit que Frere Morel et vient de ſe brouiller avec Frere de Vaines.

Mais pourſuivons l'hiſtoire de cet honnête Economiſte, & vous verrez par le détail des faits que, s'il ne ſait pas faire uſage de la ſcience du *Produit net* dans les affaires du Roi, il ne la néglige pas pour les ſiennes.

Poujaud, Fermier Général, fut envoyé en Lorraine, il y a ſept ans, fondé de procuration de ſa Compagnie, pour faire les Baux des Domaines de cette Province. Il ſe fit accompagner de deux de ſes neveux, dont l'un s'appelle comme lui, Poujaud (de Monjourdain), & eſt vraiment digne d'un ſi beau nom.

Les Domaines de Lorraine étoient entrés dans la compoſition du Bail de la Ferme Générale pour 650 ou 660 mille livres. Poujaud afferma à ſes neveux ces mêmes objets 780 mille livres, & ſe réſerva pour lui, à l'inſçu de ſa Compagnie, un intérêt conſidérable dans cette affaire. Il eut même

la baſſeſſe de prêter à ſes neveux l'ar-
gent dont ils avoient beſoin , à ſix
pour cent d'intérêt. Le coquin ne
croyoit pas que ſes Confreres puſ-
ſent jamais découvrir ſa fripponne-
rie, vu que cette Compagnie, qu'il
avoit formée, donnoit à la Ferme
Générale environ 120 mille livres de
plus que la Ferme n'en rendoit au
Roi. Mais dans la Province de Lorraine, il étoit ſi public que ces Domaines avoient été pris à ſi vil prix
par les neveux Poujaud, que ce fut
un cri général. On intrigua, on caba-
la tant, à l'aide des ſieurs Dupui, Le-
clerc & Deſtouches, que l'on déta-
cha de la Ferme Générale les Domaines de Lorraine. La Compagnie Dupui donna au Roi les ſept cens quatre-
vingt mille livres que la Compagnie
Poujaud rendoit à la Ferme. Poujaud
eut beau faire des lamentations, des
jérémiades dans les Bureaux de M.

Cochin, tout fut inutile; il perdit le fruit de ses friponneries vis-à-vis de sa Compagnie. Ce qui contribua à les constater, c'est que la Compagnie Dupui , quinze jours après que le Bail lui fut accordé, afferma le même objet un million trente mille livres; d'où il est clair que Poujaud & ses neveux voloient à la Ferme Générale 250 mille livres.

Aussi-tôt que Frere de Vaines a été en place, Poujaud , son digne ami, est venu le trouver & lui a dit : » Il » faut enlever à la Compagnie Dupui » le Bail de Lorraine, & comme M. » Turgot pourroit trouver de l'injus- » tice à résilier un Bail fait dans les for- » mes, il faut imaginer quelque pré- » texte pour colorer cette opération.» Sur le champ il fut convenu entre eux qu'on offriroit huit cens vingt mille livres, au lieu de sept cens qua- tre-vingt mille que donnoit la Compagnie Dupui. C'étoit quarante mille francs de plus qui entroient dans les Coffres du Roi. Mais ces deux coquins se donnerent bien garde de dire au Ministre que les sous-Baux faits par la Compagnie Dupui montoient à un million trente mille livres. (*a*)

(*a*) Quand le Roi afferme une branche des revenus de l'Etat à une Compagnie, & que le contrat est revêtu de toutes les formes, le Roi est astreint vis-à-vis de cette Compagnie à en observer toutes les conditions comme le feroit un particulier qui auroit traité avec un autre. La loi est la même. Autrement quel est le particulier qui voudroit risquer ses fonds, si à chaque mutation de Ministre, son Commis, sous prétexte de bien public, & dans le fait pour augmenter sa fortune, pouvoit, à sa volonté, résilier les Baux faits antérieurement ; si sous prétexte d'une légere augmentation dans le prix des Baux, il pouvoit former de nouvelles Compagnies, dont les associés ou lui ser-

Je fais bien, Très-Vénérable, que pour excufer Frere de Vaines, vous direz qu'il augmentoit le revenu du

viroient de prête nom, ou lui rendroient une groffe partie des intérêts & bénéfices, ou lui donneroient fous main de très-gros pots de vin?

Il peut arriver que l'Etat foit léfé dans un Bail; mais à moins que la léfion ne foit confidérable, la juftice ne permet pas de le réfilier; & dans ce cas la léfion doit être prouvée.

Quand la Compagnie Dupui donne au Roi 780 mille livres pour les Domaines de Lorraine, & que Mons. de Vaines, fous prétexte que le Roi y gagne, réfilie le Bail de Dupui, pour le donner à une autre Compagnie de gens affidés à 820 mille livres, la différence de 780 à 820 mille livres eft-elle affez confidérable pour couvrir l'injuftice manifefte de cette opération? & toutes les loix des contrats ne réclament-elles pas contre? Si Mons. de Vaines, qui favoit parfaitement que la Compagnie Dupui avoit

Roi. Vous avez raiſon ; c'eſt effecti-
vement un grand effort de généroſité,

ſous-affermé les mêmes Domaines
un million trente mille livres à différens particuliers, eût dit à une autre
Compagnie : Meſſieurs, donnez au
Roi un million trente mille livres,
& le Roi vous donnera la préféren-
ce ſur une Compagnie nouvelle qui
ſe préſente. Si, dis-je, il eût pris cette
voie, l'intérêt de l'Etat y étoit trop
grand & trop manifeſte pour ne pas
juſtifier ſa conduite. Mais Mons. de
Vaines s'eſt bien donné de garde de
propoſer ainſi cette opération de finance : il n'y auroit pas eu de l'eau à
boire pour lui. Le drôle, en propo-
ſant au Miniſtre 40 mille livres de
bénéfice pour le Roi, a eu grand ſoin
de cacher qu'il y avoit des ſous-Baux
montant à un million trente mille livres. Il n'y a qu'un fripon digne des
galeres, ou un fou digne de Charenton, qui puiſſe propoſer de faire
une Régie à 210 mille livres au-deſ-
ſous de la valeur des Baux.

de

de donner quarante mille livres, pour en enlever deux cens dix mille à quelqu'un, & fe les approprier en tout ou en partie.

Mais, direz-vous encore, Très-Vénérable, Frere de Vaines n'étoit pas intéreffé en nom dans cette affaire; J'en conviens. Le drôle fait mieux cacher fon jeu. Gens de fa forte ne manquent pas de moyens pour partager le gâteau fans paroître y mettre le couteau. Tantôt ils compofent une Compagnie de gens affidés qui leur fervent de prête-nom; tantôt c'eft un bon pot de vin qu'on fe fait donner en bons billets au Porteur.

Eh bien, Très-Vénérable, que dites-vous de cette petite tournure ? N'eft-ce pas-là une bonne leçon d'économie à inférer dans vos Ephémérides pour l'inftruction des Freres. On veut que ce chef-d'œuvre lui ait valu parmi vous le grade de *Compagnon*

Economiste. Pâssons à d'autres.

L'Abbé Terray avoit porté le prix des Fermes Générales à 152 millions, & y avoit inféré la claufe que les Fermiers Généraux feroient en outre obligés de régir pour le compte de Sa Majefté les Droits réfervés , les Greffes , les Droits Domaniaux, les lods & ventes , &c. L'objet de cette Régie étoit de dix millions , & devoit être perçu par les Employés de la Ferme fans que les Fermiers Généraux puffent en tirer le moindre avantage ni la moindre remife, de forte que cette fomme devoit entrer *nette* dans les coffres du Roi. Frere de Vaines a encore imaginé qu'il étoit plus avantageux pour le Tréfor Royal que cette Régie fût détachée de la Ferme Générale. Les Fermiers Généraux, qui aiment mieux profit fans peine que peine fans profit, ont dit *amen* à cette belle befongne. La nou-

velle Régie coûte dix pour cent d'ar-
gent d'avance, trois pour cent pour
chaque Régiffeur. Il a fallu établir
fix Bureaux de correfpondance pour
Paris, & donner des appointemens
ou remifes aux Employés de Province ; de forte que cette belle économie coûte au Roi 18 pour cent (*a*).
Le profit eft clair, finon pour Sa Majefté, au moins pour Frere de Vaines,
qui a compofé cette Régie de gens à
lui, lefquels par reconnoiffance ne
manquent pas de donner une bonne
part du gâteau à leur bienfaiteur. *En
produit net* cela peut bien lui valoir

(*a*) On a beau fe mettre l'efprit à
la torture, il eft impoffible d'imaginer comment il a pu entrer dans la
tête d'un Commis, d'avoir la hardieffe de propofer au Miniftre de réfilier une Régie qui ne coûte rien
au Roi, pour en faire une qui lui
coûte 18 pour cent.

autour de 50000 l. par an ; & ce qui
eſt inappréciable , cela lui a valu le
grade de *Maître* auquel il a été reçu &
reconnu par *trois fois trois* , par tous
les Freres de la *ſcientifique Loge* Eco‑
nomique.

Autre trait d'économie. Le feu Roi ,
qui avoit beaucoup de bonté pour
M. Bouret , Fermier Général ; ſachant
l'embarras où il étoit pour faire ſes
fonds , voulut bien lui faire la grace
de lui permettre de donner pour
comptant à la Ferme 50 mille écus
de ſes billets. Il ajouta la promeſſe
qu'on les prendroit pour comptant
à ſon Tréſor Royal. La grace du
Roi n'étoit que verbale ; il l'avoit dit
à l'Abbé Terray. C'eſt en conſéquen‑
ce de cette permiſſion que M. Bou‑
ret a remis à la Caiſſe 50 mille écus
de ſes billets , & que la Ferme les a
remis enſuite au Tréſor Royal. Maî‑
tre de Vaines , qui avoit déjà eu l'a‑
dreſſe de ſe faire aſſurer une penſion

de 24 mille livres, quinze jours après
la nomination à sa place , dans la
crainte bien fondée qu'un jour il ne
vînt à être chassé si sa friponnerie &
son incapacité venoient à être con-
nues , voulut encore consolider sa
fortune en se faisant Fermier Général des Postes. Il engagea le sieur
Bouret à passer chez lui. Voici la
proposition qu'il lui fit : » Je sais bien
» que le feu Roi vous a permis de
» mettre au Trésor Royal 50 mille
» écus de vos billets ; le fait est no-
» toire aux Fermes & dans tous les
» Bureaux. Mais comme il n'y a rien
» d'écrit de la part de Sa Majesté, je
» puis vous demander le paiement de
» ces 50 mille écus ; arrangeons-nous.
» Je vais vous remettre vos bil-
» lets en entier , & vous consen-
» tirez que je sollicite l'adjonction à
» votre place, & que M. Turgot en
» fasse signer l'Arrêt par Sa Majesté.«

Bouret, qui étoit perfuadé que ces billets lui avoient été donnés par le Roi, & que perfonne n'ignoroit cette grace, ne voulut point donner à cet honnête Economiste une portion de la propriété de fa place. Maître de Vaines, pour le mettre à la raifon, lui dit : » En ce cas-là vous paierez » les 50 mille écus, & je faurai » bien enlever d'autorité l'adjonction » à votre place. « La menace eût été bientôt exécutée, fi M. de Maurepas ne fût venu au fecours du pauvre Bouret.

D'après cette preuve de favoir économique, Maître de Vaines demanda à la *Loge* d'être reçu *Parfait*: mais cela lui fut refufé, parce qu'il avoit manqué fon coup. C'eft ce qui l'engagea à continuer fes nobles travaux pour faire preuve de fes progrès dans la fcience du *Produit net.* Le premier fut de faire Salverte, fon

beau-pere, Fermier Général ; (*a*) &
le succès lui a mérité la qualité de
Parfait.

La tournure imaginée par Maître
de Vaines & Poujaud *l'Extendeur,*
pour faire son beau-pere Fermier Gé-

(*a*) Il est bon d'observer que Maître de Vaines a un quart de la place
de M. de Valroches, Fermier Général ; ce quart lui a été cédé par un
nommé Garville, son ami & celui de
sa femme. Ce Garville étoit l'espion
de M. le Duc d'Aiguillon en Bretagne & à Paris, qui lui fit avoir pour
prix de ses espionages, en croupe la
moitié d'une place de Fermier Général, & Garville, en bon ami, par-
tage cette moitié entre lui, Madame
& M. de Vaines, parce que, dit-on,
chez eux tout est commun. D'un autre
côté Maître de Vaines reconnoît cette
complaisance de Garville, en lui don-
nant différens intérêts dans toutes les
affaires de Finance qui se présen-
tent.

néral, indique une adreſſe peu com-
mune, & répond à merveille aux
eſcroqueries par leſquelles le premier
a ſignalé ſa jeuneſſe.

Quand le génie de Maître de Vaines ne lui fournit pas aſſez de moyens
pour exécuter ſes projets, ſa reſſour-
ce eſt dans Poujaud l'Extendeur. Il
falloit ici de l'invention. Il lui fait
donc part du deſſein qu'il a formé
de faire Salverte Fermier Général ,
& cela, ſans qu'il lui en coûte un
ſol. Poujaud , fertile en expédiens
honnêtes, propoſe de faire donner
une adjonction de force (quoique le
Bail fût commencé) à celui des Fermiers Généraux qui auroit le moins
de crédit : c'eſt certainement la vio-
lation la plus manifeſte de la loi de
la *propriété* : car, ou la place de Fermier
Général eſt un *état*, ou elle eſt une
entrepriſe. Si c'eſt un état, on enleve
à un Citoyen une partie de ſa pro-

priété ſans ſon aveu, & on ſe rend
ainſi coupable de vol. Si c'eſt une
entrepriſe, l'action n'eſt pas moins in-
juſte; car toute ſociéte ou *entrepriſe*
une foi, ſignée par des aſſociés, ne
peut être diminuée ni augmentée que
par le conſentement de la ſociété.
Maître de Vaines, malgré l'envie
qu'il avoit de faire la fortune de ſon
beau-pere, ne pouvoit pas ſe diſſi-
muler cette vérité, & craignoit, avec
raiſon, qu'elle ne ſautât aux yeux
du Miniſtre; auſſi fit-il à Poujaud l'ob-
ſervation ſuivante. — Mais il eſt im-
poſſible, à moins de faire crier toute
la Finance contre M. Turgot, & de
le faire abhorrer & mépriſer, de
donner à un Fermier Général un ad-
joint, de force & ſans ſon conſentement : & jamais M. Turgot n'y
conſentira. » Eh bien ! repliqua Pou-
„ jaud, en homme conſommé dans
„ l'art des coquineries „ : nous n'a-

vons qu'à faire un Mémoire dans votre cabinet, comme fi c'étoit la Ferme, qui manquant de travailleurs,
demande elle-même qu'on donne des
adjonctions à ceux de fes Membres
les moins utiles; & faites-y compren-
dre Poujaud mon neveu, qui a con-
nu à Limoges M. Turgot. L'avis ne
pouvoit manquer d'être goûté. Ainfi
ces deux coquins ont eu la hardieffe
de dreffer un pareil Mémoire, &
fans la participation de la Ferme,
fans qu'il ait été lu dans aucun co-
mité, Maître de Vaines n'a pas craint
de le préfenter à M. de Trudaines,
comme le vœu de la Compagnie. M.
Turgot, (a) joué, trompé par fon

(a) Si M. Turgot, qui eft un très-
honnête homme, avoit pu avoir con-
noiffance d'un trait auffi infame,
il auroit certainement chaffé Poujaud
de la Ferme, & Vaines de fes Bureaux.

Commis, qu'il croit un très-honnête homme, a fait, sans le savoir une injuſtice criante, en faiſant ſigner au Roi trois Arrêts d'adjonction de force, à trois Fermiers Généraux, tous trois fort honnêtes gens, & dont aucun n'a mérité un pareil déboire.

Ce ſont ces opérations d'iniquité de la part de Maître de Vaines qui ont ſoulevé toute la Finance contre M. Turgot, lequel, encore actuellement, ignore la friponnerie de ſon Commis.

Cette friponnerie étoit à peine conſommée, que le jour même Maître de Vaines fit dépouiller le ſieur Baudon, Fermier Général, de ſes départemens, pour les donner aux Srs Salverte & Poujaud. D'autres Fermiers Généraux ont été dans le même tems privés de leurs départemens, & remplacés par deux autres Poujaud; de ſorte que les plus *beaux* emplois du Royaume font occupés par la race Poujaud.

M. du Mesjean, Fermier Général & Secrétaire des commandemens de Monfieur, a le malheur de ne pas être aimé de Maître de Vaines. Son ancienneté lui donnoit droit à un département. L'implacable de Vaines, fans s'embarraffer ni du droit du Financier, ni de l'intérêt que prenoit Monfieur à fon Secrétaire, lui fait fouffler fon département, fous le prétexte infenfé que cela pourroit compromettre les intérêts du Roi, & pour mettre le comble à l'indignité du traitement, il lui donne une adjonction, de force. Auffi dit-on que Monfieur eft fort reconnoiffant de ce trait d'honnêteté du Commis. Peut-être M. Turgot a-t-il auffi l'obligation à Maître de Vaines de partager avec lui la reconnoiſſance du Prince ; car dans toutes ces opérations le Miniſtre eſt la dupe de ſon Commis, qui s'embarraſſe peu ſi l'odieux de ſes injuſtices retombe ſur ſon Maître.

Je veux bien, très-vénérable, que Maître de Vaines conſerve ſa place au Tréſor Royal , attendu qu'ayant un quart dans une place de Fermier Général, & ſon beau-pere étant de plus Fermier Général, il ne peut que donner des avis déſintéreſſés ſur les Finances ; mais je ne verrois pas ſans peine qu'il continuât d'occuper une place *dans la ſublime & ſcientifique* LOGE de l'Economie.

Au reſte ſi vous êtes curieux d'en ſavoir davantage ſur le ſavoir faire de Frere & Maître de Vaines, vous pouvez vous adreſſer à M. Bou ....

Dans ma premiere je vous enver-

rai quelque détail sur ses opérations
économiques dans la partie du Tréfor Royal.

*Je suis avec un profond respect, quoi-
que profane, de votre scientifique per-
sonne,*

TRÈS-VÉNÉRABLE

Le très-humble, &c.

Premier Juillet 1775.